THE BLACK MOUNTAIN LIME INDUSTRY

Discover how lime changed Wales

DIWYDIANT CALCH Y MYNYDD DU

Darganfyddwch sut newidiodd calch Gymru

CONTENTS

- 4 INTRODUCTION

- 6 ROCK OF AGES
- 8 Buried treasure!

- 10 WHAT IS LIME?
- 11 What makes lime so useful?
- 12 How lime was made

- 14 LIME LIVES
- 14 Daily life…. and death
- 15 Ingenious entrepreneurs
- 16 The farmers' friend
- 18 Hard times
- 19 The Black Mountain Quarry fraud

- 20 LIFE ON THE ROAD
- 23 Roads to ruin
- 24 Rebecca runs riot
- 26 The authorities strike back

- 28 EXPLORING THE BLACK MOUNTAIN QUARRIES
- 34 Discovering limekilns
- 36 Wild times
- 38 Visiting the Black Mountain

- 40 THE CALCH PROJECT

CYNNWYS

5 Cyflwyniad

7 CRAIG YR OESOEDD
8 Trysor cudd!

10 BETH YW CALCH?
11 Pam fod calch mor ddefnyddiol?
12 Sut cafodd calch ei gynhyrchu?

14 BYWYDAU CALCH
14 Bywyd beunyddiol...
 A marwolaeth
15 Entrepreneuriaid dyfeisgar
16 Cyfaill y ffermwr
18 Dyddiau caled
19 Twyll calch y Mynydd Du

20 BYWYD AR Y FFORDD
23 Teithio rhwng y tollbyrth
24 Ymgyrchoedd Merched Beca!
27 Yr awdurdodau'n brwydro'n ôl

29 DARGANFOD CHWARELI'R MYNYDD DU
34 Darganfod odynau calch
37 Cynefinoedd gwyllt
39 Archwilio'r dirwedd Galch

41 PROSIECT CALCH

INTRODUCTION

Along the western edge of the Brecon Beacons National Park lie the iconic crags of the Black Mountain. Today the area is valued as an unspoilt natural landscape. In fact, this landscape has been formed by thousands of years of human management and exploitation of the geological resources that underlie it.

Coal, copper and iron are celebrated for the part they have played in fuelling the Industrial Revolution in Wales and the wider world. Less well known, is the role that lime and limestone have played in making the Wales that we know today.

The many uses of lime and limestone have transformed the agricultural, industrial and social history of Wales, affecting the appearance of our rural, industrial and urban landscapes and even the houses we live in!

This booklet provides a guide for visitors to the Black Mountain limestone quarries and tells the story of local people and their struggle for survival in a changing industrial world.

CYFLWYNIAD

Ar hyd ochr orllewinol Parc Cenedlaethol Bannau Brycheiniog saif creigiau eiconig y Mynydd Du. Heddiw gwerthfawrogir yr ardal am ei thirlun naturiol di-wall. Yn wir, ffurfiwyd y tirlun hwn drwy filoedd o flynyddoedd o reolaeth gan ddyn a'r defnydd o'r adnoddau daearegol sy'n cuddio o dan yr wyneb.

Mae glo, copr a haearn yn adnabyddus iawn am eu rhan bwysig yn tanio'r Chwyldro Diwydiannol yng Nghymru a thu hwnt. Mae llai o bobl yn ymwybodol o'r rhan y chwaraeodd calch a chalchfaen i roi Cymru ar y fap. Mae'r gwahanol ddefnydd sydd i galch a chalchfaen yn golygu y trawsnewidiwyd hanes amaethyddol, diwydiannol a chymdeithasol Cymru, gan effeithio ar ffurf ein tirluniau gwledig, diwydiannol a threfol a hyd yn oed y tai sy'n ein cartrefu!

Mae'r llyfryn hwn yn rhoi canllaw i ymwelwyr i chwareli calchfaen y Mynydd Du ac yn adrodd straeon y bobl leol a'u hymdrechion caled i oroesi mewn byd diwydiannol newidiol.

ROCK OF AGES

The landscape of the Black Mountain is defined by its underlying geology. Between Llangadog in the north and Brynamman in the south, lie bands of different types of rock formed over a 150 million year period. In the north lie Ordovician siltstones, overlain by Old Red Sandstone deposits. Above these are Carboniferous Limestones, formed from the remains of countless tiny sea creatures that sank to the bottom of a shallow tropical sea over 300 million years ago, when Britain was on the equator!

Above the limestone are sandstone deposits known as the Millstone Grits. To the south lie the sandstones and mudstones of the Coal Measures.

Powerful movements in the earth's crust folded, cracked and tilted these layers of rock so that what were once flat deposits at the bottom of the sea, now lie at an angle on top of a mountain! About 2.6 million years ago glaciers carved and smoothed the rocks to create the landscape we see today.

Lime has been made in most areas along the outcrops of Carboniferous Limestone that encircle the South Wales Coalfield.

Because of its interesting geology, the Black Mountain Quarries are included within the Fforest Fawr Geopark.

ROCK OF AGES   CRAIG YR OESODD   THE BLACK MOUNTAIN / Y MYNYDD DU

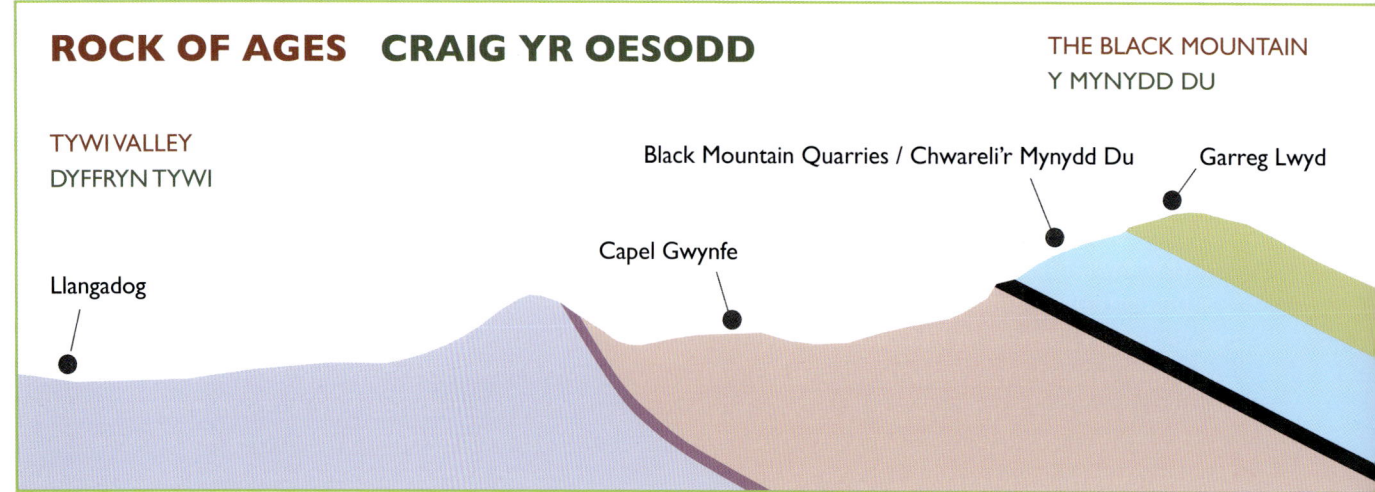

TYWI VALLEY / DYFFRYN TYWI — Llangadog — Capel Gwynfe — Black Mountain Quarries / Chwareli'r Mynydd Du — Garreg Lwyd

CRAIG YR OESOEDD

Diffinnir tirlun y Mynydd Du gan y ddaeareg sydd oddi tano. Rhwng Llangadog yn y gogledd a Brynaman yn y de, gorwedda haenau o wahanol greigiau a ffurfiwyd dros gyfnod o 150 o filiynau o flynyddoedd. Yn y gogledd gorwedda creigiau silt Ordofigaidd, gyda dyddodion Hen Dywodfaen Coch drostynt. Uwchben y rhain ceir y Calchfaen Carbonifferaidd a ffurfiwyd gan weddillion miliynau o greaduriaid y môr a suddodd i waelod y môr dros 300 miliwn o flynyddoedd yn ôl, pan oedd Prydain ar y cyhydedd!

Uwchben y calchfaen ceir dyddodion tywodfaen sy'n adnabyddus fel y Grut Melinfaen. I'r de gorwedda'r tywodfaen a cherrig laid yr Haenau Glo.

Bu i symudiadau pwerus yng nghramen y ddaear blygu, cracio a gwyro'r haenau cerrig hyn hyd nes i haenau a oedd unwaith yn wastad ar wely'r môr, gael eu gosod ar ongl ar ben mynydd! Tua 2.6 miliwn o flynyddoedd yn ôl naddwyd ac esmwythwyd y creigiau gan y rhewlifoedd i ffurfio'r tirlun a welwn heddiw.

Cynhyrchwyd calch yn y rhan fwyaf o ardaloedd ar hyd y mannau lle mae'r Calchfaen Carbonifferaidd yn brigo ac yn amgylchynu Meysydd Glo De Cymru.

Oherwydd y ddaeareg ddiddorol, mae Chwareli'r Mynydd Du wedi eu cynnwys yng Ngeoparc Fforest Fawr.

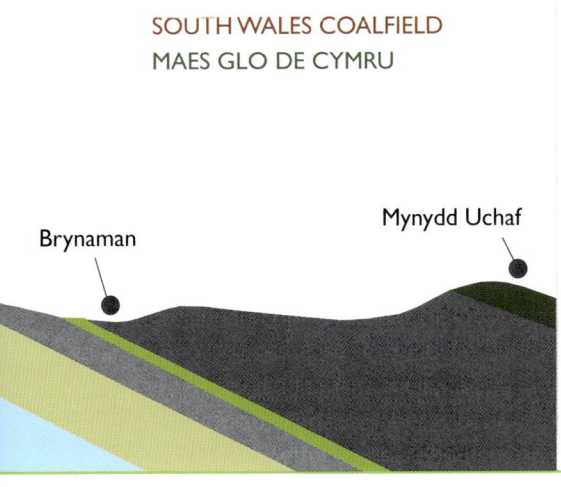

SOUTH WALES COALFIELD
MAES GLO DE CYMRU

Pennant Sandstone	Tywodfaen Pennant
Coal Measures	Haenau Glo
Farewell Rock	Y Garreg Ddiffaith
Bishopston Mudstone	Carreg Laid Bishopston
Twrch Sandstone	Tywodfaen Twrch
Carboniferous Limestone	Calchfaen Carbonifferaidd
Grey Grits	Grutiau Llwyd
Old Red Sandstone	Hen Dywodfaen Coch
Tilestones	Teilfeini
Ordovician and Silurian rocks	Cerrig Ordofigaidd a Silwraidd

BURIED TREASURE

Rocks from the Black Mountain have been quarried for all sorts of different uses.

Limestone from the Black Mountain has probably been used to make lime since Roman times, but the first clear evidence for making it comes from a 13th century limekiln at Carreg Cennen Castle. Limestone and hard **sandstones** from the Black Mountain were used to build many local buildings.

Silica sand was used to make fire-bricks for iron, steel and copper smelting furnaces. In the 19th century workers were paid 1 shilling per journey to collect the soft silica sandstones in baskets carried on horseback.

Rottenstone, another type of sandstone, was ground up and used for polishing metal and for sharpening blades.

Ironstone was quarried from the northern edge of the coalfield in the early 19th century. The iron ore supplied the ironworks of the Swansea Valley and adjacent areas.

Coal from the south side of the Black Mountain was used to fuel limekilns, for malting and for hop-drying. From 1838 technological developments made it possible to use hard anthracite coal to smelt iron. An ironworks was established at Brynamman in 1847.

Left: Grey grits- the uppermost unit of the Old Red Sandstone on the Black Mountain. Above: a piece of ironstone; silica sand. Right: coal. Chwith: Graean llwyd – haenen uchaf un yr hen dywodfaen coch ar y Mynydd Du. Uchod: Darn o haearnfaen; Tywod silica. Dde: Glo.

TRYSOR CUDD

Mae creigiau o'r Mynydd Du wedi cael eu mwyngloddio am amryw o resymau.

Mae'n debyg fod Calchfaen o'r Mynydd Du wedi ei ddefnyddio i wneud calch ers cyfnod y Rhufeiniaid, ond daw'r dystiolaeth amlwg gyntaf o'i gynhyrchu o odyn galch o'r drydedd ganrif ar ddeg yng Nghastell Carreg Cennen. Defnyddiwyd calchfaen a thywodfaen caled o'r Mynydd Du i adeiladu llawer iawn o'r adeiladau lleol.

Defnyddiwyd **tywod silica** i wneud brics-tân ar gyfer ffwrneisi smeltio haearn, dur a chopr. Yn y bedwaredd ganrif ar bymtheg talwyd 1 swllt fesul siwrnai i deithwyr gasglu'r tywodfaen silica ysgafn mewn basgedi ar gefn ceffyl.

Malwyd Pwdrfaen, sef math arall o dywodfaen, yn fân a'i ddefnyddio i roi polish ar fetel ac i finio llafnau.

Mwyngloddiwyd am **haearnfaen** o ymyl gogleddol y maes glo yn ystod y bedwaredd ganrif ar bymtheg. Cafodd y mwyn haearn ei gludo i weithfeydd haearn Cwm Tawe ac ardaloedd eraill gerllaw.

Defnyddiwyd **glo** o ochr ddeheuol y Mynydd Du i danio odynau calch, ar gyfer bragu a sychu hopys. O ganlyniad i ddatblygiadau technolegol, o 1838 llwyddwyd i ddefnyddio glo caled i smeltio haearn. Sefydlwyd gweithfeydd haearn ym Mrynaman yn 1847.

Silica sand quarries on the Black Mountain
Chwareli tywod silica ar y Mynydd Du

Twrch sandstone
Tywodfaen Twrch

WHAT IS LIME?

Because limestone is made from the skeletons of millions of sea creatures, it contains a lot of calcium carbonate. When affected by heat or acid, calcium carbonate changes into calcium oxide (also known as quicklime). When quicklime is mixed with water (a process called slaking) the quicklime turns into calcium hydroxide (also known as slaked lime). Slaked lime reacts with carbon dioxide in the air, slowly releasing water and hardening as it reverts back to calcium carbonate. This process is known as the 'Lime Cycle'.

These processes occur in nature, but can also be made to happen by people. The unstable compounds formed in the different stages of the lime cycle have different properties that have been used for all sorts of purposes.

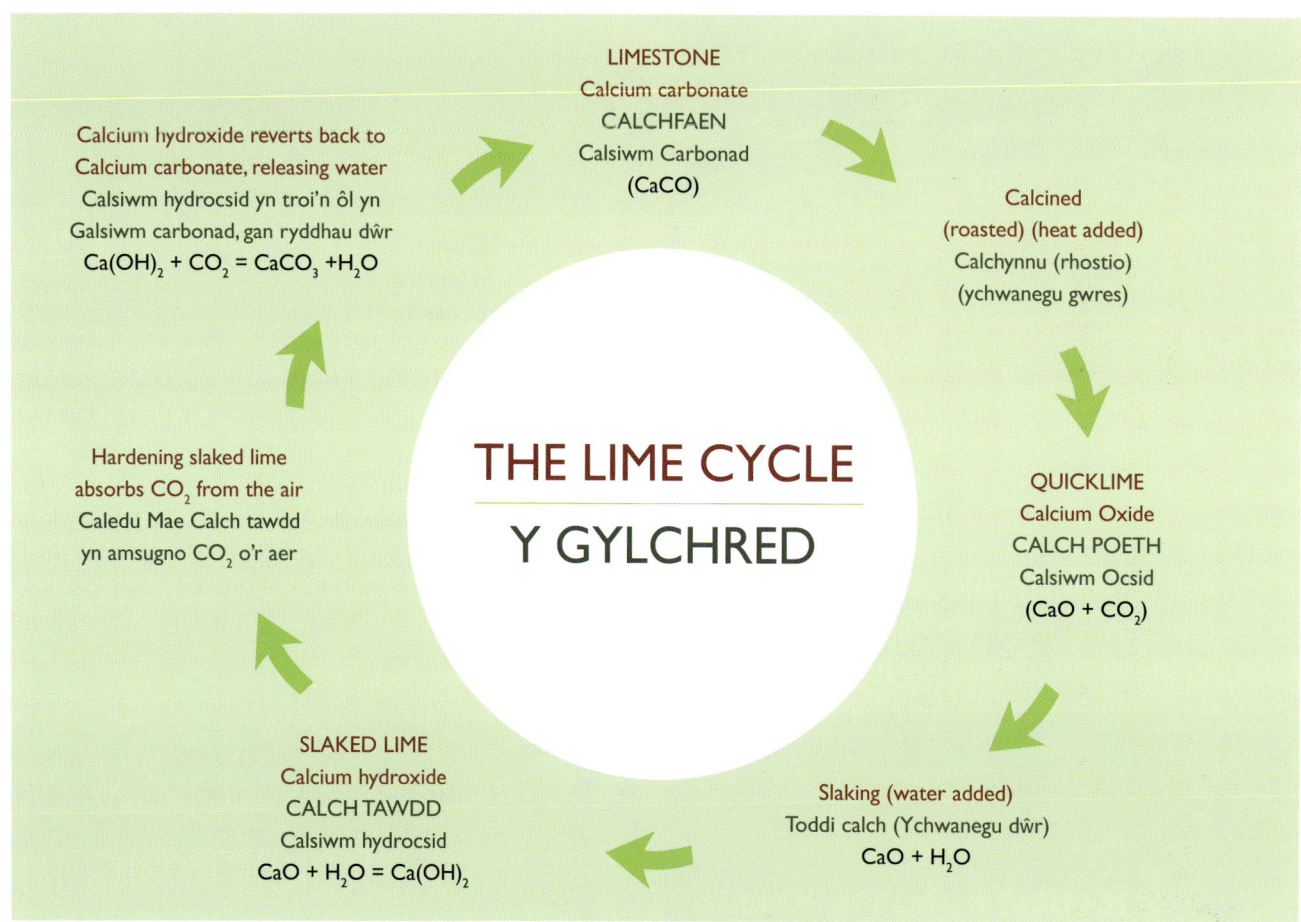

BETH YW CALCH?

Gan fod calch wedi ei wneud allan o sgerbydau miliynau o greaduriaid y môr, mae'n cynnwys llawer iawn o galsiwm carbonad. Pan gaiff ei effeithio gan wres neu asid mae calsiwm carbonad yn troi'n galsiwm ocsid (a elwir hefyd yn galch poeth). Pan gymysgir calch poeth â dŵr (proses a elwir yn doddi calch) mae'r calch poeth yn troi'n galsiwm hydrocsid (a elwir hefyd yn galch tawdd). Mae calch tawdd yn adweithio gyda charbon deuocsid yn yr aer, gan ryddhau dŵr ac yn caledu wrth newid yn ôl i galsiwm carbonad. Gelwir y broses hon yn 'Gylchred Galch'.

Mae'r prosesau hyn yn digwydd mewn natur ond gall gael eu creu gan ddyn hefyd. Mae gan y cyfansoddiau ansefydlog hyn a ffurfir yng ngwahanol gamau o'r gylchred galch, wahanol nodweddion a ddefnyddir ar gyfer amryw o wahanol bwrpasau.

WHAT MAKES LIME SO USEFUL?

Because Calcium Carbonate hardens slowly, it is a useful ingredient in building materials such as lime mortar, plaster, lime-wash paint and putty. Although it had been used for centuries to build high status buildings like castles, lime mortar became more widely used during the 19th century to construct industrial buildings and the new urban settlements needed to house the growing industrial workforce. Lime-based building materials have now come to define the look of traditional buildings in Welsh towns and countryside.

Lime has many other uses. It is used as a 'flux' to remove impurities from molten metals in the copper and iron industries. Quicklime is chemically unstable and caustic. Its most famous use was for dissolving dead bodies! Lime light was an early (but dangerous!) form of lighting in theatres which used quicklime heated to a high temperature. Glass is made by heating silica sand, sodium carbonate and lime. But the main use of the lime made on the Black Mountain was in agriculture. By reducing soil acidity lime makes soil nutrients more soluble and easily absorbed by crops.

Today lime is in demand again as a traditional and eco-friendly building material. It is better than cement because:

- Lime mortar absorbs the greenhouse gas carbon dioxide.
- Making Lime uses less energy and produces less CO^2.
- Lime allows buildings to 'breathe' by allowing moisture to slowly escape through walls.
- Lime is bio-degradable and recyclable.

The traditional look of limewashed stonework
Gwedd draddodiadol gwaith maen wedi'i olchi â chalch

Carreg Cennen Castle
Castell Carreg Cennen

PAM FOD CALCH MOR DDEFNYDDIOL?

Gan fod Calsiwm Carbonad yn caledu yn araf, mae'n gynhwysyn defnyddiol ar gyfer deunyddiau adeiladu fel morter, plastr, paent calch-golch a phwti. Er iddo gael ei ddefnyddio am ganrifoedd i adeiladu adeiladau pwysig fel cestyll, daeth morter calch yn fwy cyffredin yn ystod y bedwaredd ganrif ar bymtheg i adeiladu adeiladau diwydiannol a'r aneddiadau trefol a oedd yn angenrheidiol i gartrefu'r gweithlu cynyddol. Bellach mae deunyddiau calch ar gyfer adeiladu yn diffinio ymddangosiad adeiladau traddodiadol mewn trefi Cymreig ac yng nghefn gwlad. Mae nifer o bwrpasau eraill ar gyfer calch hefyd. Fe'i defnyddir fel 'llif' i gael gwared ag amhureddau o fetelau tawdd yn y diwydiannau copr a haearn. Mae calch poeth yn ansefydlog yn gemegol ac yn gostig. Ei ddefnydd enwocaf oedd i doddi cyrff y meirw. Defnyddiwyd golau calch yn y dyddiau cynnar (yn beryglus) i oleuo theatrau gan boethi calch poeth i dymheredd uchel. Cynhyrchir gwydr drwy gynhesu tywod silica, sodiwm carbonad a chalch. Ond prif ddefnydd y calch a gynhyrchwyd ar y Mynydd Du oedd mewn amaethyddiaeth. Drwy leihau faint o asid sydd yn y pridd mae calch yn galluogi maetholion yn y pridd i fod yn fwy toddadwy a'u defnyddio'n fwy effeithlon gan gnydau.

Heddiw mae calch yn boblogaidd unwaith eto fel deunydd adeiladu traddodiadol ac ecogyfeillgar. Mae'n well na sment oherwydd:

- Mae morter calch yn amsugno carbon deuocsid, sef un o'r nwyon effaith tŷ gwydr.
- Mae'r broses o gynhyrchu calch yn defnyddio llai o ynni a chynhyrchu llai o CO^2.
- Mae calch yn galluogi adeiladau i 'anadlu' gan felly sicrhau bod gwlybaniaeth yn medru dianc yn raddol drwy'r waliau.
- Mae calch yn bydradwy a gellir ei ailgylchu.

HOW WAS LIME MADE?

Making quicklime was hot and hard work. Gunpowder was used to blast the rock at the quarry face, but the stone was then broken up into fist size lumps by hand, using big hammers. Layers of limestone and coal were packed into the kilns. Coal was used as fuel because it did not get crushed by the weight of limestone.

Making lime was a skilled job. To transform limestone to into quicklime, the inside of the kiln needed to reach a temperature of over 900C. This was achieved by carefully adjusting the amount of fuel and the flow of air to the kiln. By concentrating the heat in the centre of the kiln, the lumps of lime could be removed from the 'drawing chamber', while more fuel and limestone was added at the top, without interrupting the chemical transformation. Two tons of limestone and one ton of coal produced 1 ton of quicklime. A typical 19th century kiln took a day to load, three days to burn, two days to cool and a day to unload, and would produce 10 to 15 tons of lime.

SUT CAFODD CALCH EI GYNHYRCHU?

Roedd gwneud calch poeth yn waith caled a phoeth. Defnyddiwyd powdr gwn i ffrwydro'r graig yn y chwarel, ond yna cafodd y graig honno ei thorri'n ddarnau llai o faint dwrn, gan wneud hynny â llaw a morthwylion mawr. Rhoddwyd haenau o galchfaen a glo i mewn i'r odynau. Defnyddiwyd glo fel tanwydd gan nad oedd yn cael ei wasgu gan bwysau'r calchfaen.

Roedd cynhyrchu calch yn waith arbenigol. I droi calchfaen yn galch poeth roedd angen i du mewn i'r odyn gyrraedd tymheredd yn uwch na 900C.

Llwyddwyd i wneud hyn drwy newid y cydbwysedd o danwydd a llif yr aer i mewn i'r odyn. Drwy sicrhau bod y gwres yng nghanol yr odyn gellid tynnu'r darnau o galch allan o'r 'siambr dynnu', tra ychwanegwyd rhagor o danwydd a chalchfaen ar ben y cyfan, heb amharu ar y newidiadau cemegol. Byddai dwy dunnell o galchfaen ac un dunnell o lo yn cynhyrchu 1 dunnell o galchfaen. Roedd odyn nodweddiadol o'r bedwaredd ganrif a'r bymtheg yn cymryd diwrnod i'w llenwi, tri diwrnod i losgi, dau ddiwrnod i oeri, ac un diwrnod i'w wagio, gan gynhyrchu 10 i 15 tunnell o galch.

Quarries near Tredegar c.1900.
The men are holding sledge hammers for breaking up the quarried limestone into manageable sizes.

Chwareli ger Tredegar tua 1900.
Mae'r dynion yn gafael mewn morthwylion mawr i dorri'r calchfaen a fwyngloddiwyd yn ddarnau llai.

A cross section through a 20th century limekiln.

Croestoriad drwy odyn galch o'r 20fed ganrif.

LIME LIVES
BYWYDAU CALCH

Llwynon Limestone Quarry, Penderyn, in 1903. The photograph shows how little equipment was used in the quarries at that time.

Chwarel Galchfaen Llwynon, Penderyn, yn 1903. Mae'r llun yn dangos mai prin iawn oedd yr offer a ddefnyddiwyd yn y chwareli bryd hynny.

Amgueddfa Cymru – National Museum Wales

DAILY LIFE ... AND DEATH

Quarry workers either travelled to work each day, or would take enough provisions to last a week, staying in small thatched huts near the top of each limekiln. They would cook their food on hot coals from the kilns.

Making lime was also dangerous work! The acrid fumes produced by making lime could cause asphyxiation and caustic quicklime could burn skin. Travellers would sometimes sleep at limekilns to keep warm at night, but this was also dangerous, as many newspapers reported.

On Thursday week a young man named Thomas Griffith, son of John Rees Griffith, mason, Gwinfe, was engaged in blasting rock in the Black Mountain lime quarries. He bored the rock, and put into it about 20lbs of powder which he filled and returned to a convenient distance to allow the charge to explode. Not finding it to go off in the usual time he approached the place to ascertain the cause, when the powder fired with a tremendous explosion, driving of the pieces of rock quite through the unfortunate young man's head. Death was consequently instantaneous.

THE CAMBRIAN, 07/06/1844

SUFFOCATED IN A LIMEKILN AT NEWPORT

An unknown but much tattooed man, presumably a collier of 30 years of age, was found suffocated in a limekiln on the Malpas Road, Newport. He was 5ft 9in. in height, fair, clean shaven and on his right forearm he bore the tattooed representation of two clasped hands, horse-shoes, and a bust of a woman, while on the left forearm was a lady in the Welsh national costume and a star. He was dressed in a black ribbed jacket, moleskin vest, and tweed trousers, and also had a collier's safety-lamp.

WESTERN MAIL, 03/04/1900

BYWYD BEUNYDDIOL... A MARWOLAETH

Roedd gweithwyr y chwareli un ai'n teithio i'r chwarel bob diwrnod neu'n cludo digon o fwyd ac ati i bara'r wythnos, gan aros mewn cytiau to gwellt wrth ymyl pob odyn galch. Byddent yn coginio'u bwyd drwy ddefnyddio'r glo poeth o'r odynau.

Roedd gwneud calch yn waith peryglus hefyd. Gallai mwg llosgol a gynhyrchwyd wrth gynhyrchu calch achosi'r gweithwyr i dagu a gallai calch poeth costig losgi'r croen.

Ambell waith byddai teithwyr yn cysgu wrth yr odynau calch i gadw'n gynnes dros nos, ond roedd hyn yn beryglus hefyd, fel yr adrodda sawl papur newydd.

INGENIOUS ENTREPRENEURS

Quarrying and lime making on this part of the Black Mountain was controlled by the Cawdor Estate by issuing leases, but many tenant farmers considered making lime on the unenclosed mountain land was a 'right of common' dating from medieval times. Documents from 1755 report that farmers were repeatedly discovered secretly making lime and selling it without permission from the Estate!

Quarrying and lime making on the Black Mountain appears to have remained largely in local hands, but as lime became more and more important several industrial scale schemes were launched nearby.

In 1819 the Scottish merchant John Christie began an ambitious venture to build the Brecon Forest Tramroad on the south side of the Mountain to supply lime from quarries at Penwyllt for sale at Sennybridge. The enterprise failed, partly because of competition from the Black Mountain Quarries.

In 1857 Llandybie was linked to the railway system, prompting the building of large and impressive limekilns at Cilyrychen Quarry. In 1864 there was also a proposal to link the Black Mountain Quarries to the Vale of Towy Railway, but it was never adopted.

In 1873, John Hay opened limestone quarries on the Black Mountain at Blaen Llynfell, to provide flux for the expanding iron industry. Horse drawn trams carried limestone to the top of a steam powered incline leading to limekilns at Henllys Vale. This limeworks closed in the late 1880s.

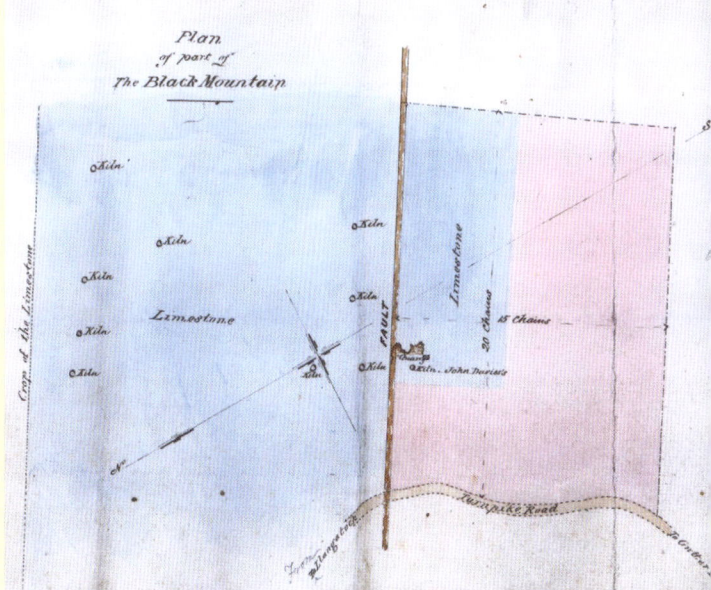

Uchod: Gwaith Calch Cilyrychen. Dde: mae'r hen gynllun hwn yn dangos lleoliad chwarel calchfaen ac odyn galch yng chwareli'r Mynydd Du, a roddwyd ar brydles i John Davies.

Above: Cilyrychen Limeworks. Right: this old plan shows the location of a limestone quarry and limekiln at the black Mountain Quarries, leased to John Davies.

ENTREPRENEURIAID DYFEISGAR

Rheolwyd y gwaith mwyngloddio a chynhyrchu calch ar y rhan hon o'r Mynydd Du gan Ystâd Cawdor drwy ryddhau lesau, ond credai amryw o ffermwyr tenant fod cynhyrchu calch ar dir mynydd a oedd heb ei ffinio yn 'hawl cyhoeddus' yn dyddio'n ôl i'r canol oesoedd.

Mae dogfennau o 1755 yn adrodd y daethpwyd o hyd i ffermwyr yn aml yn gwneud calch yn ddistaw bach a'i werthu heb ganiatâd yr Ystâd!

Ymddengys y rheolwyd y gwaith mwyngloddio a chynhyrchu calch ar y Mynydd Du yn lleol gan amlaf, ond wrth i galch ddod yn adnodd pwysicach lansiwyd amryw o fentrau ar raddfa ddiwydiannol gerllaw.

Yn 1819 cychwynnodd y masnachwr Albanaidd John Christie fenter uchelgeisiol o adeiladu Ffordd Dram Coedwig Aberhonddu ar ochr ddeheuol y Mynydd i gyflenwi calch o chwareli Penwyllt i'w werthu ym Mhontsenni. Methiant fu'r fenter, yn bennaf oherwydd y gystadleuaeth gan Chwareli'r Mynydd Du.

Yn 1857, cysylltwyd Llandybie â'r system reilffordd, gan arwain at adeiladu odynau calch mawr ac ysblennydd yn Chwarel Cilyrychen. Yn 1864 cafwyd cynnig hefyd i gysylltu Chwareli'r Mynydd Du â Rheilffordd Dyffryn Tywi, ond ni lwyddwyd erioed i wneud hyn.

Yn 1873, agorodd John Hay chwareli calchfaen ar y Mynydd Du ym Mlaen Llynfell, i ddarparu llif ar gyfer y diwydiant haearn ffyniannus. Cludwyd tramiau o galchfaen gan geffylau i ben yr inclein a bwerwyd gan stêm at yr odynau calch yng Nghwm Henllys. Caewyd y gweithfeydd calch ar ddiwedd yr 1880au.

THE FARMERS' FRIEND

Before the 18th century, the success of traditional Welsh farming was limited by the fertility of the land. Crops like barley and wheat did not grow well in acid soils, and weeds grew better than grass in pasture fields.

In 1755 the first Agricultural Society in Wales was founded in Breconshire. These societies encouraged new farming practices to provide rich food for new breeds of cattle.

Lime was crucial to this age of agricultural improvement. Spreading lime on fields reduced soil acidity, made nutrients more easily absorbed by crops and discouraged weeds. Growing turnips and clover in limed fields resulted in better fodder for their livestock. No wonder lime was so popular!

In the spring farmers placed piles of quicklime across their fields. When it rained, the 'lump lime' would break down to a powder which could be easily ploughed into the soil. Up to 2 tons an acre was applied to the fields every 4 to 6 years. 3 to 5 tons might be needed to improve an acre of newly cultivated land. No wonder there are so many limekilns on the Black Mountain!

Towards the end of the 19th century the use of lime declined as alternatives such as imported South American guano and chemical fertilisers became available.

Using all this lime has helped create the lush green pastures that epitomise the Welsh countryside we know today, and Wales's famous beef and lamb.

Left: Farmers spreading lime from a sled.
Right: Using lime helped create the lush green pastures around the Black Mountain.

Chwith: Ffermwyr yn gwasgaru calch o sled.
Dde: Roedd calch o gymorth wrth greu'r dolydd gwyrdd a ffrwythlon yn yn ardal y Mynydd Du.

CYFAILL Y FFERMWR

Cyn y ddeunawfed ganrif, roedd llwyddiant ffermio traddodiadol Cymreig yn ddibynnol ar ffrwythlondeb y tir. Nid oedd cnydau fel haidd a gwenith yn tyfu'n dda mewn pridd asidig a thyfodd chwyn yn gryfach na gwair ar y dolydd.

Yn 1755 sefydlwyd y Gymdeithas Amaethyddol gyntaf yng Nghymru yn Sir Frycheiniog. Anogodd y cymdeithasau hyn ddulliau newydd o ffermio er mwyn sicrhau bwyd mwy maethlon i fridiau newydd o warteg.

Roedd calch yn bwysig i'r oes hon o welliant amaethyddol. Roedd gwasgaru calch ar gaeau yn lleihau lefel asid y pridd, yn galluogi i faethynnau gael eu defnyddio'n well gan gnydau ac yn lleihau twf chwyn. Roedd tyfu maip a meillion mewn caeau llawn calch yn cynnig gwell porthiant i anifeiliaid y ffermwyr.

Does ryfedd bod calch mor boblogaidd!

Yn y gwanwyn rhoddai ffermwyr haenau o galch poeth ar eu caeau. Pan ddeuai'r glaw byddai'r 'calch lwmp' yn malu'n fân yn bowdr a gellid ei aredig wedyn i mewn i'r pridd. Rhoddwyd hyd at 2 dunnell yr erw ar y caeau bob 4 i 6 blynedd. Byddai angen 3 i 5 tunnell o bosib i wella erw o dir wedi ei drin am y tro cyntaf. Does ryfedd felly bod cymaint o odynau calch ar y Mynydd Du!

Tuag at ddiwedd y bedwaredd ganrif ar bymtheg bu lleihad yn y galw am galch wrth i ddewisiadau eraill ddod ar gael fel y guano a fewnforiwyd o Dde America a gwrtaith cemegol.

Mae'r holl galch a ddefnyddiwyd wedi bod yn brif reswm dros sicrhau dolydd gwyrdd a ffrwythlon sy'n nodweddiadol o'n cefn gwlad yng Nghymru a chynhyrchu cig eidion ac oen byd enwog.

HARD TIMES

By the 1870s the lime trade was beginning to decline due to a general depression in agriculture. Because the home market for wheat could not compete with cheaper imports from abroad, fewer cereals were cultivated so there was less demand for lime. In addition, imported South American guano and new chemical fertilisers were becoming an affordable alternative to lime. The rising cost of coal for fuelling the kilns also made lime more expensive to produce.

By the start of the 20th century most of the kilns in the Black Mountain Quarries were no longer in use. An article in the Tarian y Gweithiwr newspaper from 17 December 1908, reports that the limekilns on the Black Mountain were mostly idle, but the ruins of the kilns and workmen's cabins could still be seen.

But lime continued to be made in the area. Photographs of Cilyrychen Quarry near Llandybie show German prisoners of the First World War working in the limeworks. Despite further bouts of depression in the limestone industry in the 1920s and 30s, an advertisement in the Carmarthen Journal in 1935 shows that lime was also still being made on the Black Mountain.

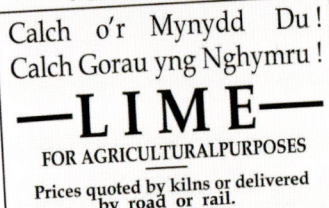

CARMARTHEN JOURNAL 17/05/1935

Arial view of the quarries with remains of the former office block in the foreground.

Awyrlun o'r chwareli gyda gweddillion y swyddfeydd gwreiddiol yn y blaen.

DYDDIAU CALED

Erbyn yr 1870au roedd y fasnach galch yn dechrau cilio yn sgil dirwasgiad cyffredinol mewn amaethyddiaeth. Gan na lwyddai'r farchnad gartref ar gyfer gwenith gystadlu â'r hyn a fewnforiwyd yn rhatach o dramor, tyfwyd llai o rawnfwydydd ac roedd llai o alw am galch.

Yn ogystal, roedd guano o Dde America a'r gwrtaith cemegol newydd yn dod yn ddewis arall fforddiadwy yn hytrach na chalch. Roedd cost glo'n cynyddu hefyd ar gyfer tanio'r odynau ac felly gwneud calch yn ddrutach i'w gynhyrchu.

Erbyn cychwyn yr ugeinfed ganrif roedd y rhan fwyaf o odynau Chwareli'r Mynydd Du yn segur.

Mae erthygl o bapur newydd Tarian y Gweithiwr o 17 Rhagfyr 1908 yn adrodd bod y rhan fwyaf o odynau'r Mynydd Du yn segur, ond roedd posib gweld adfeilion yr odynau a chabanau'r gweithwyr o hyd.

Ond parhawyd i gynhyrchu calch yn yr ardal. Mae ffotograffau o Chwarel Cilyrychen ger Llandybie yn dangos carcharorion Almaenaidd o'r Rhyfel Mawr yn gweithio yn y gweithfeydd calch. Er cyfnodau pellach o ddirwasgiad yn y diwydiant calchfaen yn yr 1920au a'r 30au, dengys hysbyseb o'r Carmarthen Journal yn 1935 bod calch yn cael ei gynhyrchu o hyd ar y Mynydd Du.

CILYCWM
THE AGRICULTURAL DEPRESSION
The farmers in this district have suffered, in common with the country at large, from the effects of the agricultural depression. The largest landowner here, Mr Campbell Davies, Neuaddfawr, has shown his sympathy by giving his tenants free and unlimited orders for lime for agricultural purposes. Any tenant on the estate can have whatever quantity of lime he chooses, entirely free of charge, for merely the trouble of carting it from the Black Mountain lime kilns.

ABERYSTWYTH OBSERVER, 25/12/1886

THE BLACK MOUNTAIN QUARRY LIME FRAUD

Limestone from the Black Mountain was also quarried for other uses such as the construction of the nearby Usk reservoir during the 1950s, but in 1954 a locally celebrated fraud was unearthed!

The leaseholders of the quarry attempted to sell the business without estate consent, to a company in London which had been led to believe that the quarry output was twice what it actually was. It transpired that the amount of lime the quarry produced had been exaggerated in order to claim a government subsidy on agricultural lime. It is said that if all the lime that was claimed had actually been produced it could have covered the whole of Carmarthenshire with 6 inches of lime! The quarries were closed in 1958 and have stood abandoned ever since.

In the early 1960s a celebrated fraud trial began. The trial lasted 30 days spread over several months, a record at the time for a case in Carmarthenshire. Hundreds of local farmers were interviewed and the courtroom was piled high with documents.

TWYLL CALCH Y MYNYDD DU

Cloddiwyd am galchfaen o'r Mynydd Du am resymau eraill hefyd megis adeiladu cronfa ddŵr yr Wysg yn gerllaw ystod yn ystod yr 1950au, ond yn 1954 darganfuwyd achos o dwyll lleol adnabyddus iawn!

Ceisiodd lesddeiliaid y chwarel werthu'r busnes heb ganiatâd yr ystâd, i gwmni yn Llundain a gredai fod cynhyrchiant y chwarel ddwywaith yn well na'r gwirionedd. Daeth yn amlwg y rhoddwyd y ffigurau uchel a ffals hyn o galch a gynhyrchwyd yn y chwarel er mwyn medru hawlio cymhorthdal gan y llywodraeth ar galch amaethyddol. Ymddengys y byddai'r holl galch honedig wedi llwyddo i orchuddio Sir Gaerfyrddin yn ei chyfanrwydd mewn trwch 6 modfedd o galch! Caewyd y chwareli yn 1958 gan aros felly hyd heddiw.

Yn gynnar yn yr 1960au bu achos enwog o dwyll. Bu i'r achos bara am 30 diwrnod dros gyfnod o rai misoedd, llawer hirach nag unrhyw achos arall yn hanes Sir Gaerfyrddin. Cyfwelwyd cannoedd o ffermwyr lleol ac roedd y llys yn llawn dogfennau.

LIFE ON THE ROAD

BWYD AR Y FFORDD

Farmers who did not have easy access to lime had to transport it by cart, sometimes on return journeys of up to 100 miles. A procession of horse-drawn carts laden with lime was once a familiar sight on the roads leading from the Black Mountain. Limestone was also transported by boat to limekilns located around the coast of Pembrokeshire and Ceredigion. Many limekilns can still be seen at harbours around the coast.

It was important for the lime not to get wet because it would start to slake. A cart full of boiling hot, fizzing and expanding caustic lime was not a good cargo to have to drive home!

Collecting lime was an important occasion. Pride and care was taken to prepare for the journey to collect lime. Carts were repaired and painted, wheels greased and horses were well fed with hay and oats. Each carter would carry a costrel (a small barrel) containing milk or beer, and a small round box for storing butter. Speed was of the essence but the roads were narrow and in poor condition so the carters would blow a horn to warn other travellers as they raced to get to the limekilns and load up as early in the day as possible. Several accidents are reported in 19th century newspapers:

Byddai ffermwyr nad oedd yn medru cael mynediad yn hawdd iawn at galch yn gorfod ei gludo â chert, weithiau ar daith yno ac yn ôl o 100 milltir. Roedd rhes hir o geffylau a cherti gyda llwythau o galch yn beth cyffredin iawn ar un adeg ar y ffyrdd yn arwain o'r Mynydd Du. Cafodd calchfaen ei gludo ar gychod hefyd i odynau calch o amgylch arfordir Sir Benfro a Cheredigion. Mae nifer o odynau calch i'w gweld hyd heddiw mewn porthladdoedd o amgylch yr arfordir.

Roedd hi'n bwysig nad oedd y calch yn gwlychu gan y byddai hynny'n achosi iddo ddechrau toddi. Nid oedd llond cert o galch costig poeth yn ffrwtian ac yn chwyddo yn beth doeth iawn i'w gludo am adref!

Roedd casglu calch yn ddigwyddiad pwysig. Cymerwyd gofal a balchder wrth baratoi ar gyfer y daith i gasglu'r calch. Cafodd certi eu trwsio a'u peintio, iro'r olwynion a bwydo'r ceffylau â gwellt a cheirch. Byddai pob certiwr yn cario casgen fach yn dal llaeth neu gwrw a blwch crwn bach i gadw menyn. Roedd hi'n bwysig teithio'n gyflym ond roedd y lonydd yn gul ac mewn cyflwr gwael felly byddai'r certwyr yn chwythu corn i rybuddio teithwyr eraill wrth iddynt wibio yn eu blaenau at yr odynau calch a llwytho mor gynnar â phosibl ar y diwrnod. Adroddwyd nifer o ddamweiniau ym mhapurau newydd y bedwaredd ganrif ar bymtheg:

Fatal accident – As Mr D Davies, Junior, of Glynclawdd Gwynfe, was driving an empty gambo on the Black Mountain on Wednesday afternoon, the horses became startled and dashed off. The unfortunate young man was thrown out, and though assistance was at once forthcoming he expired without a word. Much sympathy is felt for the family of the deceased, who is generally respected in the neighbourhood.

THE WELSHMAN 23/05/1884

RHANDIR MWN. – Angeu dychrynllyd.- Dydd Iau, y 5ed cyfisol,fel yr oedd Mr. William Rees, bachgen rhwng 14 a 15 mlwydd oed, yn dychwelyd gyda Gwagen ei feistr â llwyth o galch o'r Mynydd dû, pan Rhwng y lle uchod a Llangadog, syrthiodd y bachegen Anffodus o dan olwynion y wagen, a lladdwyd ef yn y fan. Tranoeth, cadwyd trengholiad ar y corph briwedig. Rheithfarn – " Marwolaeth ddamwein- Iol." Mab ydoedd y trangcedig I David ac Elizabeth Rees, Crincae. Dydd Sadwrn, claddwyd y gweddill- Ion yn mynwent hen gapel Ystradffin. D. Thomas

BANER AC AMSERAU CYMRU 11/09/1861:

"RHANDIR MWYN – Dreadful death – On Thursday, 5th inst., as Mr William Rees, a boy aged between 14 and 15, was returning with his master's wagon with a load of lime from the Black Mountain, between the above place and Llangadog, the unfortunate boy fell under the wheels of the wagon and he was killed on the spot. **D. Thomas**

BANER AC AMSERAU CYMRU 11/09/1861:

18th century | 18fed ganrif | 19th century

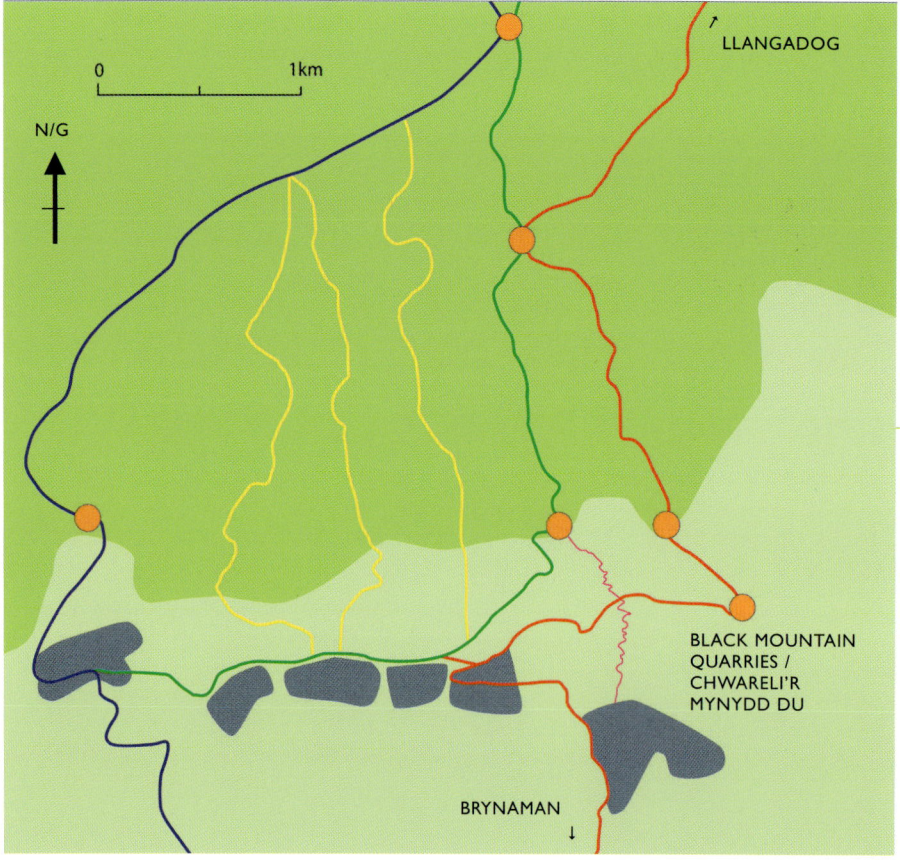

The influence of the lime industry on the road network on the north side of the Black Mountain can still be traced today.
Pink - possible old packhorse trails.
Dark blue - pre 1779 road from Llangadog to Brynamman.
Green - 1799 new road to limekilns.
Red - 1813-1819 new road from Llangadog to Brynamman (now the A4069)
Yellow - old tracks across farmland
Orange dots - toll gates

Mae posib gweld dylanwad y diwydiant calch ar y rhwydwaith ffordd ar ochr ogleddol y Mynydd Du hyd heddiw.
Pinc - llwybrau posibl yr hen bynfeirch.
Glas tywyll – ffordd cyn 1779 o Langadog i Frynaman.
Gwyrdd – Ffordd newydd 1799 ar yr odynau calch.
Coch – Ffordd newydd 1813-1819 o Langadog i Frynaman (yr A4069 erbyn hyn)
Melyn – hen draciau ar draws tir fferm
Smotiau oren - tollbyrth

19eg ganrif | 20th century | 20fed ganrif

Brett Breckon

ROADS TO RUIN

Before the industrial development of south Wales, travel across the Black Mountain was along rough roads, on foot, by cart, or with pack horses. As the traffic of carts laden with lime increased, Turnpike Trusts were founded to improve and build new roads. This work was to be financed by tolls levied at toll gates.

The Llandovery and Llangadog Turnpike Trust was created in 1779 to maintain the road over the Black Mountain. They soon abandoned the old road in favour of a new route to the Black Mountain quarries. In 1813 the Trust began to build another new road up to the limekilns at Foel Fawr. By 1819 this road (now the A4069) was extended over the mountain to Brynamman by the Brynamman coalmaster John Jones of Brynbrain.

As the costs of repairs rose, more tollgates were built to raise more funds. Eventually the Llandovery and Llangadog Trust had 41 miles of road with 13 gates, almost one toll gate every three miles! Revenue was also increased by auctioning the toll gates each year to the highest bidder. After paying their rent, these 'toll farmers' kept the extra toll money they collected.

TEITHIO RHWNG Y TOLLBYRTH

Cyn y datblygiadau diwydiannol yn ne Cymru, roedd yn rhaid teithio ar hyd y Mynydd Du ar lonydd garw, ar droed, gyda chert neu gyda cheffylau cludo. Wrth i'r traffig o gerti yn llawn calch gynyddu, sefydlwyd Ymddiriedolaethau Tyrpegau i wella ffyrdd ac i adeiladu rhagor ohonynt. Y nod oedd ariannu'r gwaith hwn gyda thollau a gasglwyd wrth gatiau toll.

Sefydlwyd Ymddiriedolaeth Tyrpeg Llanymddyfri a Llangadog yn 1779 i gynnal y ffordd dros y Mynydd Du. Yn fuan anwybyddwyd yr hen ffordd gan ffafrio'r llwybr newydd i chwareli'r Mynydd Du. Yn 1813 dechreuodd yr Ymddiriedolaeth adeiladu ffordd newydd arall i fyny at odynau calch Foel Fawr. Erbyn 1819 ymestynnwyd y ffordd hon (yr A4069 heddiw) dros y mynydd i Frynaman gan y meistr glo o Frynaman, John Jones o Frynbrain.

Wrth i gostau atgyweirio'r ffyrdd gynyddu, adeiladwyd rhagor o dollbyrth i gasglu rhagor o arian. Cyn hir roedd gan Ymddiriedolaeth Llanymddyfri a Llangadog 41 milltir o ffordd ac 13 o gatiau, dyna un tollborth bob tair milltir! Codwyd rhagor o arian hefyd drwy werthu gatiau'r tollborth bob blwyddyn mewn arwerthiant i'r cynigiwr uchaf. Ar ôl talu eu rhent byddai'r 'ffermwyr tollau' hyn yn cadw'r arian tollau ychwanegol a gasglwyd ganddynt.

REBECCA RUNS RIOT!

At first, lime carts were exempt from the tolls; but this soon changed. After several years of bad harvests and a drop in the value of their produce, farmers were struggling to pay high rents and taxes. By the 1840s, the lime that farmers needed cost almost as much in tolls as it did to buy. Eventually, facing dire poverty, it was time to strike back against greed of the turnpike trusts! Riots broke out and gangs of protestors destroyed the gates and burned the tollhouses.

Although no-one is quite sure why, the riot leaders disguised themselves as women and became known as 'Rebecca and her daughters'. One suggestion is that the name comes from a verse in the Bible:

> 'And they blessed Rebekah and said unto her, Thou art our sister, be thou the mother of thousands of millions, and let thy seed possess the gate of those which hate them'.   (Genesis 24:60).

At the height of the riots the Times newspaper sent a reporter named Thomas Campbell Foster to West Wales to witness events. He was sympathetic to the plight of the protesters. There are several newspaper reports of toll gates on the road from the Black Mountain quarries being destroyed.

YMGYRCHOEDD MERCHED BECA!

I ddechrau roedd certi calch wedi eu heithrio rhag talu'r tollau; ond newidiodd hyn yn fuan iawn. Wedi sawl blwyddyn o gynaeafau gwael a gostyngiad yng ngwerth eu cynnyrch, roedd ffermwyr yn cael anhawster talu rhenti a threthi uchel. Erbyn yr 1840au roedd y tollau'n costio bron cymaint â phris y calch roedd y ffermwyr angen ei brynu. Yn y diwedd, wrth wynebu tlodi difrifol, roedd hi'n amser dial yn erbyn natur farus yr ymddiriedolaethau tyrpeg! Cafwyd terfysgoedd a maluriwyd y gatiau a llosgwyd y tolltai gan griwiau o brotestwyr.

Er na ŵyr neb yn iawn pam, gwisgodd arweinwyr y terfysgoedd fel merched a'u hadnabod fel 'Merched Beca'. Un awgrym yw y daeth yr enw o adnod o'r Beibl:

> Ac a fendithiasant Rebeca, ac a ddywedasant wrthi, Ein chwaer wyt, bydd di fil fyrddiwn; ac etifedded dy had borth ei gaseion.   (Genesis 24:60).

Gyda'r terfysgoedd yn eu hanterth, anfonodd The Times newyddiadurwr o'r enw Thomas Campbell Foster i Orllewin Cymru i brofi'r digwyddiadau. Roedd yn cydymdeimlo â sefyllfa'r protestwyr. Mae amryw o erthyglau o bapurau newydd yn sôn am gatiau tollau ar y ffyrdd o chwareli'r Mynydd Du yn cael eu dinistrio.

Left: This cartoon from *The London Illustrated News* (1843) depicts rioters attacking gates.

Chwith Pellaf: Daw'r cartŵn hwn o'r *London Illustrated News* ac mae'n cyfleu terfysgwyr yn ymosod ar y gatiau.

THE SLAVE DRIVERS

You say the toll man wiped his eye,
But this is all a bubble
For he shall never cease to cry
While Becca is in trouble.

In vain you strive to save a gate,
By threatening blood and slaughter;
Your swords shall ne'er intimidate
Rebecca and her daughters.

The cheating toll trusts may complain,
The Mayor may roar his 'riot',
'Till Becca do her rights obtain
She never will be quiet.

Then if you wish to hear no more
Of what Rebecca's doing,
BE HONEST, and her rights restore,
Or she will prove your ruin.

She'll Burn your Houses to the ground,
She'll set your fields on fire,
She'll make you pay for every pound
Your toll-men may require.

Then bid these wars and tumults cease,
You robbing vile aggressor!
She'll gladly wave the flag of peace,
If you no more oppress her.

Reduce your farms to half the price -
More than this they can't afford;
Down with the toll, take my advice,
Then sweet peace shall be restored.

THE WELSHMAN, 28/07/1843

"Pentarlleche gate between Llangadock and the Black Mountains, was destroyed on Tuesday night by a party of Rebbeccaites, who came from the direction of Llandilo. It appears that they had sent threatening letters before, and two constables were employed to guard the house and gate, but they were compelled to go home for tools and made to assist in the work of destruction. In about a quarter of an hour, both gate and house were level with the ground."

04/08/1843

"FOUR MORE GATES DESTROYED – Last Wednesday night a party of mounted Rebeccaites, about 300 in number, visited 3 turnpike gates in the neighbourhood of Llangadock and completely destroyed them. Two of them had been before down and re-erected. The names of the gates are Wainstredverys, Pontarlucoe and Carig(?)-Southey."

15/09/1843

"Meeting on CEFN-COED-YR-ARLLWYD. A meeting of the Freeholders, Farmers and others of the parishes of Llangadock, Llanddausaint, Llandilo, Llansadwrn, Cilycwm and the adjoining parishes, was held on Tuesday last, the 10th instant, at Cefn-Coed-yr-Arlwydd, a piece of waste land, near Llangadock. It was convened by printed handbills extensively circulated throughout the surrounding district; they stated that the meeting was called for the purpose of petitioning Her Majesty to listen to the public's grievances, and request her Ministers to devise some method of affording them relief…There were about 1200 people present, mostly respectable farmers."

13/10/1843

THE AUTHORITIES STRIKE BACK

During the Rebecca riots, Colonel the Honourable George Rice Trevor, 4th Baron Dynefor and MP for Carmarthenshire had the task of restoring order, but he could do little to stop the destruction. He attempted to establish a police force of special constables from the local community, but following threats from Rebecca, many were reluctant to join. Instead troops of the 73rd Infantry Regiment and the 4th Light Dragoons under the command of Colonel James Frederick Love were called in, following an audacious ransacking of Carmarthen Workhouse by Rebecca protestors.

There ensued a game of cat and mouse across the region between the government forces and the protestors, but Rebecca was undaunted; indeed, in September 1843 rioters dug a symbolic grave within sight of Dinefwr Castle and announced that George Rice Trevor would occupy it by 10th October!

Eventually the authorities gained the upper hand and by the end of 1843 the riots had largely died down. Some of the rioters were captured, tried and transported to penal colonies in Tasmania. An enquiry was set up and an Act to reform the Turnpike Trusts was passed in August 1844.

The Rebecca Riots have now become part of the cultural identity of west Wales, representing the fight for rights against oppression and injustice.

George Rice Trevor 4th Baron Dynefor 1841, by John Lucas

George Rice Trevor 4ydd Barwn Dinefwr 1841, gan John Lucas

> The Government are pouring in troops. A detachment of artillery are marching to Carmarthen by way of Swansea; the whole of the 4th Regiment of Light Dragoons are to be stationed in South Wales; three companies of the 75th Foot are to arrive in Carmarthen within the next two to three days; the Yeomanry are kept on permanent duty, and every military appliance of the Government is excercised, yet not a single outrage has been stayed nor a single Rebeccaite captured. They laugh at the display of power by the Government.
>
> THE TIMES 22 /07/1843

> There is now I regret to say a spirit abroad ready for any mischief-one which nothing at present but the presence of military force can…keep down. Nearly the whole of the…inhabitants of the surrounding country sympathise with the rioters, even those who do not join them.
>
> COLONEL LOVE TO THE HOME OFFICE 11/07/1843

YR AWDURDODAU'N BRWYDRO'N ÔL

Newton House from the north east
(with Dynefor Castle. Circa 1790
By James Bretherton

Tŷ Newton o'r gogledd ddwyrain
(gyda Chastell Dinefwr. Tua 1790
Gan James Bretherton

Yn ystod terfysgoedd Beca, rhoddwyd y dasg o adfer trefn i'r Cyrnol, yr Anrhydeddus George Rice Trevor, 4ydd Barwn Dinefwr ac yn AS dros Sir Gaerfyrddin, ond ni lwyddodd i atal y dinistr. Ceisiodd sefydlu heddlu o gwnstabliaid arbennig o'r gymuned leol, ond yn dilyn bygythiadau gan Beca, roedd nifer ohonynt yn gyndyn o ymuno. Yn hytrach, galwyd ar filwyr o Gatrawd Troedfilwyr Rhif 73 a'r 4ydd Dragwniaid Ysgafn dan arweiniad Cyrnol James Frederick Love, yn dilyn chwalfa ysgubol o Wyrcws Caerfyrddin gan brotestwyr Beca.

Datblygodd y cyfan yn gêm gyfrwys ar draws y rhanbarth rhwng lluoedd y llywodraeth a'r protestwyr, ond daliodd Beca ati ac yn wir ym mis Medi 1843 tyllodd y protestwyr fedd symbolaidd yn agos at Gastell Dinefwr a chyhoeddi y byddai George Rice Trevor yn gorff yn y bedd hwnnw erbyn 10 Hydref! Yn y pen draw llwyddodd yr awdurdodau i achub y blaen ac erbyn diwedd 1843 roedd y rhan fwyaf o'r terfysgoedd wedi peidio. Cafodd rhai o'r terfysgwyr eu dal, eu dwyn gerbron y llys a'u hallforio i wladfeydd cosb Tasmania. Sefydlwyd ymchwiliad ynghyd â Deddf i ddiwygio Ymddiriedolaethau'r Tyrpeg ym mis Awst 1844.

Heddiw, mae Terfysgoedd Beca yn rhan o ddiwylliant Cymru, yn cynrychioli'r frwydr dros hawliau ac yn erbyn gorthrwm ac anghyfiawnder.

EXPLORING THE BLACK MOUNTAIN QUARRIES

Starting from either of the car parks on the A4069, follow the marked trail and audio trail around the quarries. There are interpretation panels in the upper part of the quarries.

The kilns at the Black Mountain Quarries probably date to the early 19th century. The oldest kilns, are at the bottom of the site. They have mostly collapsed, but higher up the slope, in the later quarries, the early kilns have been modernised and repaired.

The kilns are an unusual type. At large limeworks kilns were usually built side by side in a solid block, to help them retain heat and to streamline the transport of materials. A good example of these 'Row' kilns can be seen nearby at Henllys Vale (SN7620013680). At the Black Mountain Quarries, perhaps because the kilns were leased from the Cawdor Estate rather than owned outright, each of the kilns is separate. To support their large size the kilns were cut into the hillside. Each kiln is associated with an area of quarry marked by a finger or lump of unquarried rock. Outside each kiln is a low wall forming a loading platform where the lime was shovelled into waiting carts.

Opposite each kiln is a large semi-circular mound of badly made waste lime. It appears that only good 'lump lime' was selected for sale, because bad lime would not slake properly when spread on fields. Near the top of each kiln are the remains of a hut where the limeworkers would live during the lime making season. The kiln at Trail point 6 is the best preserved kiln of this type and shows all these features clearly.

Some of the kilns were given names (such as Pen Darren, Victoria, Odyn Rhys, California, Y Seren, New Zealand, Cubilo and Cwcw) but sadly, we no longer know which kilns had which names.

Higher up the hillside in the later quarries, the early 19th century kilns were modernised to increase their efficiency by lining the inside of the kilns with furnace bricks to retain heat. The bottom of the kilns was also changed so that the lime could be collected in rail-mounted drams. The kiln at Trail Point 3 is a good example of this.

Now follow the zig-zag track up to the top quarries to the viewpoint and interpretation panels on the top of the concrete kiln overlooking the quarries.

The ruins of the offices and engine house were built a few years before the quarry closed in 1958. At that time there would have been all sorts of machinery on site for crushing the limestone and moving it around the site. Don't forget to follow the trail to visit the memorial to David Davies from Gwynfe. A poignant reminder of the dangers of working in the lime quarries.

DARGANFOD CHWARELI'R MYNYDD DU

Gan gychwyn o un o'r meysydd parcio ar yr A4069, dilynwch y llwybr sydd wedi ei farcio a'r llwybr sain o amgylch y chwareli. Mae paneli dehongli yn rhan uchaf y chwareli. Mae'r odynau yn Chwareli'r Mynydd Du yn dyddio'n ôl i'r bedwaredd ganrif ar bymtheg mae'n debyg. Mae'r odynau hynaf ar waelod y safle ac mae'r rhan fwyaf wedi adfeilio, ond yn uwch i fyny'r llethr, yn y chwareli mwy diweddar, mae'r odynau cynnar wedi eu moderneiddio a'u hatgyweirio.

Mae'r odynau yn fath anarferol. Mewn gweithfeydd calch mawr adeiladwyd yr odynau yn gyfochrog fel arfer mewn bloc solid, gan y byddai hyn o gymorth wrth gadw'r gwres ac er hwylustod cludo deunyddiau. Ceir enghraifft dda o'r odynau 'Rhes' hyn yng Nghwm Henllys (SN 7620013680). Yn Chwareli'r Mynydd Du, oherwydd mae'n debyg y cafodd yr odynau eu lesio gan Ystâd Cawdor yn hytrach na'u meddiannu, mae pob un o'r odynau ar wahân. Er mwyn medru creu'r odynau mawr hyn, tyllwyd i mewn i lethr y mynydd i'w hadeiladu. Cysylltir pob odyn gyda darn o'r chwarel a farciwyd gyda chraig fawr heb ei thrin. Y tu allan i bob odyn roedd wal isel yn ffurfio llwyfan llwytho lle cafodd y calch ei rawio ar y certi parod.

Gyferbyn â phob odyn gwelir twmpath hanner crwn o galch gwastraff gwael. Ymddengys mai 'calch lwmp' da a ddewiswyd yn unig ar gyfer ei werthu gan na fyddai calch gwael yn toddi'n dda wrth ei wasgaru ar hyd y caeau. Yn agos at frig pob odyn gwelir gweddillion cwt lle byddai'r gweithwyr calch yn byw yn ystod y tymor gwneud calch. Yr odyn ar bwynt 6 o'r Llwybr yw'r un o'r math hwn sydd wedi goroesi orau gan ddangos yr holl nodweddion hyn yn glir.

Rhoddwyd enwau i rai o'r odynau, (megis as Pen Darren, Victoria, Odyn Rhys, California, Y Seren, Seland Newydd, Cubilo a Cwcw) ond mae'n biti nad ydym yn gwybod bellach pa odynau oedd â'r enwau hyn.

Yn uwch i fyny'r bryn yn y chwareli mwy diweddar, cafodd yr odynau cynnar o'r bedwaredd ganrif ar bymtheg eu moderneiddio i'w gwneud yn fwy effeithlon drwy leinio y tu mewn i'r odynau gyda brics ffwrnais er mwyn cadw'r gwres. Newidiwyd gwaelod yr odynau hefyd er mwyn medru casglu'r calch mewn wagen ar gledrau. Mae'r odyn ar bwynt 3 o'r Llwybr yn enghraifft dda o hyn.

Nawr dilynwch y llwybr igam-ogam i'r chwareli ar y brig i'r pwynt golygfa a'r paneli dehongli ar ben yr odyn goncrid sy'n edrych dros y chwareli.

Cafodd y swyddfeydd a'r tŷ injan, bellach yn adfeilion, eu hadeiladu ychydig o flynyddoedd cyn cau'r chwarel yn 1958. Ar yr adeg honno byddai pob math o beiriannau wedi bod ar y safle i falu'r calchfaen a'i symud o gwmpas y safle. Peidiwch ag anghofio dilyn y llwybr i ymweld â chofeb David Davies o Gwynfe. Dyma rywbeth i'n sobri ac i'n hatgoffa o beryglon gweithio mewn chwareli calch.

BRYNAMAN

Top row:
The ruins of the 1950s office block; an early 19th century limekiln; an old rail mounted dram inside one of the limekilns

Bottom row:
A 1950s limekiln; the ruins of a limeworker's cottage; the ruins of a 19th century limekiln.

Rhes uchaf:
Olion bloc swyddfa'r 1950au; odyn galch o ddechrau'r 19 ganrif; hen gyfarpar y tu mewn i un o'r odynau calch.

Rhes isaf:
Odyn galch o'r 1950au; olion odyn galch o'r 19 ganrif; mae wyneb y chwarel yn dangos haenau'r calchfaen.

DISCOVERING LIMEKILNS

Because the quarrying on this part of the Black Mountain spread along the limestone outcrop from west to east, different types of limekiln representing changes in the scale of production through time can be 'read' in the landscape. About 2.5km west of the Black Mountain Quarries at Brest Cwm Lloyd (NGR SN7077019340) you will find rows of small earth and stone kilns close to the Old Bryn Road over the Black Mountain. These are thought to be early eighteenth century 'Field' or 'Flare' kilns used by local farmers to make one kiln load of lime at a time. They burnt limestone collected from the surrounding land rather than from large quarries.

A few hundred meters to the east in the Clogau Mawr and Clogau Bach quarries, are examples of 'Draw' kilns. These slightly larger masonry built kilns could be used continuously by topping up the kiln with more fuel and limestone as lime was removed from the base. They represent a step up in lime production.

Travelling east again, the kilns get gradually larger and the quarries get bigger, culminating at the Black Mountain Quarries where you can discover the fascinating history of the lime industry by following the waymarked audio trail and interpretation panels. A leaflet guide is also available.

A row of small field kilns at Brest Cwm Llwyd.
Rhes o odynau meysydd bychan ym Mrest Cwm Llwyd.

A larger turf and masonry kiln at Brest Cwm Llwyd.
Odyn mawr tyweirch a cherrig yn Brest Cwm Llwyd.

DARGANFOD ODYNAU CALCH

Gan fod y gwaith mwyngloddio ar y rhan hon o'r Mynydd Du wedi datblygu ar hyd y garreg frig o galchfaen o'r gorllewin i'r dwyrain, mae posib 'darllen' gwahanol fathau o odynau calch yn cynrychioli graddfa'r cynhyrchiant dros amser. Tua 2.5km i'r gorllewin o Chwareli'r Mynydd Du ym Mrest Cwm Llwyd (NGR SN7077019340) fe welwch resi o odynau bach pridd a cherrig yn agos i Hen Ffordd Bryn dros y Mynydd Du. Credir mai odynau 'maes' ydynt o'r ddeunawfed ganrif a ddefnyddiwyd gan ffermwyr lleol i wneud un llwyth o galch ar y tro. Llosgwyd y calchfaen ganddynt a gasglwyd o'r tir cyfagos yn hytrach nag o chwareli mawr.

Ychydig o gannoedd o fetrau i'r dwyrain yn chwareli Clogau Mawr a Clogau Bach, gwelir enghreifftiau o odynau 'Tynnu'. Gyda'r odynau cerrig hyn, sydd ychydig yn fwy o faint, gellid eu defnyddio'n barhaus drwy ail-lenwi'r odyn gyda thanwydd a chalchfaen o'r brig tra tynnwyd calch o'r gwaelod. Adlewyrchodd yr odynau hyn dwf mewn cynhyrchu calch.

Wrth deithio i'r dwyrain unwaith eto, mae'r odynau yn tyfu'n raddol mewn maint, nes cyrraedd Chwareli'r Mynydd Du lle gallwch ddysgu am hanes difyr y diwydiant calch drwy ddilyn llwybr sain sydd wedi ei farcio ynghyd â phaneli dehongli. Mae taflen wybodaeth ar gael hefyd.

A 1950s kiln at the Black Mountain Quarries
Odyn o'r 1950au yn Chwareli'r Mynydd Du

A large early 19th century Kiln at the Black Mountain Quarries.
Odyn fawr o ddechrau'r 19 ganrif yn Chwareli'r Mynydd Du.

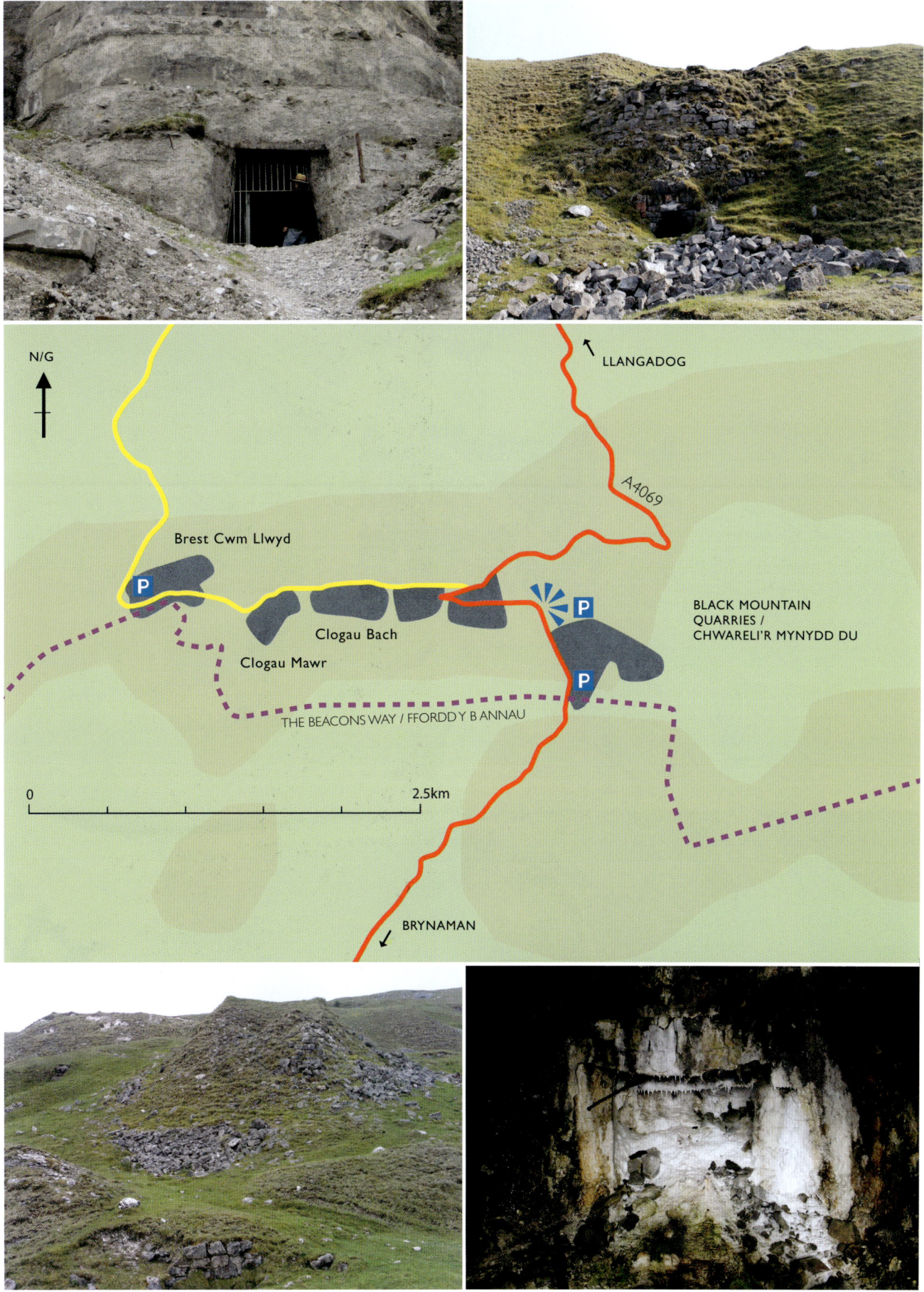

A masonry draw kiln at Clogau Bach.
Odyn gwaith maen yng Nghlogau Bach.

Inside a modernised kiln at the Black Mountain Quarries.
Y tu mewn i odyn wedi'i moderneiddio yn Chwareli'r Mynydd Du.

WILD TIMES

In 1985 the quarries and large parts of the Black Mountain were acquired by the Brecon Beacons National Park Authority. The quarries now lie silent, and have returned to nature.

Local farmers still maintain the ancient traditions of grazing sheep and ponies on the open common. Walking around the quarries you can see how sheep favour the grass growing on the lime-rich soils in preference to the rough grass on the more acidic soils on the surrounding hills.

High rainfall, limestone geology and the huge piles of waste lime have created a wet and very alkaline home for the Butterwort, an unusual plant that uses its sticky leaves, to trap and digest insects!

Another unusual feature of the quarries is a curious phenomenon called 'Tufa'. Water passing through the lime-rich spoil tips absorbs calcium hydroxide which 'crystalises' into strange formations which are normally only found in underground cave systems (such as at the Dan yr Ogof caves).

The quarries are part of the Mynydd Du SSSI (Site of Special Scientific Interest). The link between plants, tufa, the lime industry and local geology, have resulted in the quarries being designated a RIGS (Regionally Important Geodiversity Site).

Tufa takes a very long time to form and is very fragile. To avoid damaging it, please avoid walking on the wet areas in which it forms.

Industry and geology have combined to create an unusual habitat.
Left: Tufa forms intriguing patterns in streams running through the quarries.
The quarries are home to lime tolerant plants.
Top: Quaking Grass (*Breza media*)
Wild Thyme (*Thymus polytrichus*)
Common Butterwort (*Pinguicula vulgaris*)
Mossy Saxifrage (*Saxifraga hypnoides*)

CYNEFINOEDD GWYLLT

Yn 1985 daeth Awdurdod Parc Cenedlaethol Bannau Brycheiniog yn berchennog ar chwareli a rhannau helaeth o'r Mynydd Du. Bellach mae'r chwareli'n segur a natur yn feistr arnynt.

Mae ffermwyr lleol yn parhau i gynnal y traddodiadau hynafol o bori defaid a merlod ar y tir comin. Wrth grwydro o amgylch y chwareli hyn fe welwch sut mae'r defaid yn ffafrio'r borfa sy'n tyfu ar y priddoedd llawn calch yn hytrach na'r borfa fras ar y priddoedd mwy asid ar y bryniau o amgylch.

Mae lefelau uchel o law, daeareg galchfaen a thwmpathau anferth o galch gwastraff wedi creu cartref gwlyb alcalinaidd i'r Toddiad, sef planhigyn anghyffredin sy'n defnyddio ei ddail gludiog i ddal ac i 'fwyta' pryfetach!

Nodwedd anghyffredin arall o'r chwareli yw ffenomenon ryfedd o'r enw 'Twffa'. Mae dŵr sy'n mynd trwy'r tomennydd yn amsugno calsiwm hydrocsid sydd yn 'crisialu' yn ffurfiau rhyfedd sydd i'w canfod mewn ogofâu tanddaearol yn unig fel rheol (fel ogofâu Dan yr Ogof).

Mae'r planhigion prin, twffa, a'u cysylltiad â'r ddaeareg leol a'r diwydiant calch, oll wedi golygu y dynodwyd y chwareli yn RIGS (Safleoedd Geoamrywiaeth Pwysig y Rhanbarth) a SoDdGA (Safle o Ddiddordeb Gwyddonol Arbennig).

Mae Twffa'n cymryd amser maith i ffurfio ac mae'n fregus iawn. I osgoi ei ddifrodi, peidiwch â cherdded ar y rhannau gwlyb lle ffurfir twffa.

Mae diwydiant a daeareg wedi cyfuno i greu cynefin anarferol.
Chwith: Mae twffa'n ffurfio patrymau difyr mewn nentydd sy'n rhedeg drwy'r chwareli.
Dde: Mae'r chwareli yn gartref i blanhigion sy'n gallu dygymod â chalch. O'r top: Crydwellt bach (*Briza media*)
Teim gwyllt (*Thymus polytrichus*)
Tafod y gors (*Pinguicula vulgaris*)
Tormaen llydandroed (*Saxifraga hypnoides*)

VISITING THE BLACK MOUNTAIN

The Black Mountain is owned by the BBNPA, but is open access land where you have the right to walk. From the two car parks on the A4069 there is a way-marked trail around the site. Although most of the route is easy walking following established paths and tracks, there are some steeper slopes. Spoil heaps, scree slopes and quarry faces are unstable. They should not be climbed. The quarries can also be explored as a short detour from the Brecon Beacons Way Long Distance Path.

To download an audio trail app and map leaflet visit: **www.breconbeacons.org/blackmountainquarries**

A display and visitor information are available at the Black Mountain Centre in Brynamman.

The open common is used for grazing livestock and is a wildlife habitat. To protect nesting birds, lambs and pregnant sheep, dogs must be on a fixed lead whenever livestock are near, and at all times from 1st March to 31st July.

The weather can change very rapidly. Are you adequately equipped?

Countryside code
- Be safe. Plan ahead and follow any signs
- Leave gates and property as you find them
- Protect plants and animals and take your litter home
- Keep dogs under control
- Consider other people

FOLLOW THE STORY:

Henllys Vale
At Henllys Vale you can follow an easy access walk and audio trail to see a restored bank of industrial limekilns, built to supply lime to the Swansea valley. For details visit **www.breconbeacons.org/henllys-vale**

Monmouthshire & Brecon Canal
The Monmouthshire & Brecon Canal was built to transport stone and processed lime. Restored limekilns can be seen along the tow path walk.
Visit **www.breconbeacons.org/monmouthshire-brecon-canal-history** for details.

Blaenavon Ironworks
The best preserved and most accessible metal smelting site in south Wales. An important 18th century monument to Wales' role in the industrial revolution, and part of a World Heritage Site. Visit **www.breconbeacons.org/blaenavon-ironworks** for details.

YMWELD Â'R MYNYDD DU

Awdurdod Parc Cenedlaethol Bannau Brycheiniog sydd yn berchen ar y Mynydd Du, ond mae'n dir agored ac rydych yn rhydd i gerdded yno. O'r ddau faes parcio ar yr A4069 mae llwybr wedi ei farcio o amgylch y safle. Er bod y rhan helaeth o'r llwybr yn hawdd wrth ddilyn llwybrau a lonydd sy'n bodoli eisoes, mae yna rai llethrau mwy serth. Mae tomennydd gwastraff, llethrau sgri a wynebau'r chwareli oll yn ansefydlog. Peidiwch â dringo drostynt. Gellir mwynhau'r chwareli fel rhan estynedig o Lwybr y Bannau Brycheiniog hefyd

I lwytho i lawr ap llwybr sain a thaflen gyda map, ewch i: www.breconbeacons.org/blackmountainquarries

Mae arddangosfa a gwybodaeth i ymwelwyr ar gael yng Nghanolfan y Mynydd Du ym Mrynaman.

Defnyddir y tir comin gan anifeiliaid sy'n pori ac mae'n gynefin i fywyd gwyllt. I ddiogelu adar sy'n nythu, ŵyn a defaid beichiog, rhaid cadw cŵn ar dennyn pan fydd anifeiliaid gerllaw, ac yn barhaus rhwng 1 Mawrth a 31 Gorffennaf.

Gall y tywydd newid yn gyflym. A ydych chi wedi paratoi'n drylwyr?

Cod cefn gwlad
- Byddwch yn ddiogel. Cynlluniwch ymlaen llaw a dilynwch unrhyw arwyddion
- Gadewch gatiau fel ag y maent
- Diogelwch blanhigion ac anifeiliaid ac ewch â'ch sbwriel adref
- Cadwch gŵn ar dennyn
- Byddwch yn ystyriol o bobl eraill

DILYNWCH Y STORI:

Dyffryn Henllys
Yn Nyffryn Henllys gallwch ddilyn taith rwydd a llwybr sain i weld clawdd wedi'i adfer o odynau calch diwydiannol, wedi'u hadeiladu i gyflenwi calch i Gwm Tawe. Am fanylion, ewch i www.breconbeacons.org/henllys-vale

Camlas Mynwy ac Aberhonddu
Adeiladwyd Camlas Mynwy ac Aberhonddu i gludo meini a chalch wedi'i brosesu. Gellir gweld odynau calch wedi'u hadfer ar hyd y llwybr tynnu. Ewch i www.breconbeacons.org/monmouthshire-brecon-canal-history am fanylion.

Gwaith Haearn Blaenafon
Cofeb bwysig sy'n dangos cyfraniad Cymru i chwyldro diwydiannol y 18fed ganrif; rhan o Safle Treftadaeth y Byd. Ewch i www.breconbeacons.org/blaenavon-ironworks am fanylion.

THE CALCH PROJECT

Calch was a partnership project between Brecon Beacons National Park Authority, Dyfed Archaeological Trust, the Black Mountain Centre and Amgueddfa Cymru – National Museum Wales'. Funding was obtained from the Welsh Government Aggregate Levy Fund for Wales, the Brecon Beacons Trust, the Brecon Beacons Sustainable Development Fund, and the Cadw Heritage Tourism Project (largely funded by the Welsh Government and the European Regional Development Fund).

The project researched the industrial heritage of the Black Mountain Quarries, and developed trails around the site. Communities on both sides of the mountain joined in to discover and celebrate the stories behind the intriguing remains of the lime industry. Events and work with local schools and other groups aimed to raise awareness of the quarries as a heritage asset and to encourage visitors to the area to discover the history of a forgotten aspect of Wales' industrial heritage.

A package of education resources relating to lime and the history of the quarries, giving all the information needed to teach lessons at Key Stage 2 and 3 can be downloaded from www.breconbeacons.org/blackmountainquarries

An on-line archive of the project and source material can be accessed at:
www.dyfedarchaeology.org.uk/calch

At the Black Mountain Centre in Brynamman a permanent display provides information and resources for visitors to the quarries, and is a great place to find out what else is going on locally.